毎日5分間でやる気脳に

このドリルは、国語の基礎・基本を
細かいステップで組み立ててあり、
短時間で、順を追って無理なく学習できます。

子どもたちが興味を持って取り組めるよう
短い内容でのせています。

お子さんが1ページやり終えるごとに、
しっかりほめてあげてください。

ほめられることで脳から
ドーパミン（脳のホルモン）が出て、
「やる気が育つ」ことが
科学的に確認されています。

「5分間国語ドリル」で、
やる気脳を育てましょう！

JN112272

「ドリルをする」
↓
「ほめられる」
↓
「ドーパミンが出る」
↓
「やる気が育つ」

この循環で、子どもの脳はきたえられ、
しこくなっていきます。
つなるように工夫して、このドリルを
りました。

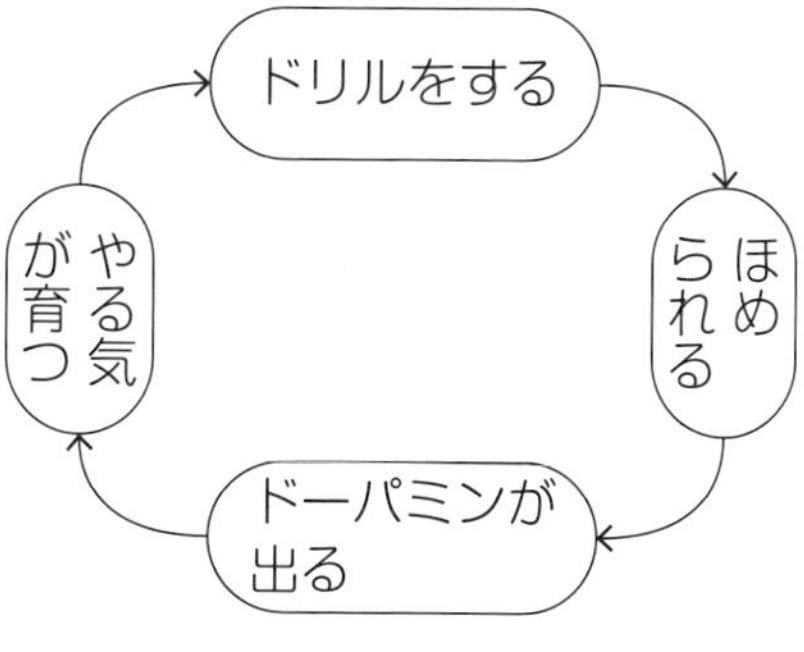

5分間国語ドリルの特色

一日5分、集中してできる

子どもたちが興味を示しそうな内容を短い文章・設問にしたので、楽しく取り組めます。

毎日続けられる

家庭学習の習慣がつきます。

丸つけも、かんたん

問題数が少ないので、丸つけも負担になりません。

つまった問題は、もう一度挑戦してください。

	タイトル	できた度				タイトル	できた度		
1	主語と述語①	☆	☆☆	☆☆☆	21	副詞	☆	☆☆	☆☆☆
2	主語と述語②	☆	☆☆	☆☆☆	22	接頭語	☆	☆☆	☆☆☆
3	熟語の構成①	☆	☆☆	☆☆☆	23	接尾語	☆	☆☆	☆☆☆
4	熟語の構成②	☆	☆☆	☆☆☆	24	俳句①	☆	☆☆	☆☆☆
5	敬語①	☆	☆☆	☆☆☆	25	俳句②	☆	☆☆	☆☆☆
6	敬語②	☆	☆☆	☆☆☆	26	短歌	☆	☆☆	☆☆☆
7	複合語①	☆	☆☆	☆☆☆	27	表現の技法①	☆	☆☆	☆☆☆
8	複合語②	☆	☆☆	☆☆☆	28	表現の技法②	☆	☆☆	☆☆☆
9	仮名の由来①	☆	☆☆	☆☆☆	29	ことわざと慣用句①	☆	☆☆	☆☆☆
10	仮名の由来②	☆	☆☆	☆☆☆	30	ことわざと慣用句②	☆	☆☆	☆☆☆
11	文末表現	☆	☆☆	☆☆☆	31	漢字クロス①	☆	☆☆	☆☆☆
12	擬音語・擬態語	☆	☆☆	☆☆☆	32	漢字クロス②	☆	☆☆	☆☆☆
13	伝統芸能①	☆	☆☆	☆☆☆	33	漢字クロス③	☆	☆☆	☆☆☆
14	伝統芸能②	☆	☆☆	☆☆☆	34	漢字クロス④	☆	☆☆	☆☆☆
15	名詞	☆	☆☆	☆☆☆	35	漢字クロス⑤	☆	☆☆	☆☆☆
16	動詞	☆	☆☆	☆☆☆	36	漢字クロス⑥	☆	☆☆	☆☆☆
17	助詞	☆	☆☆	☆☆☆	37	同音異義語①	☆	☆☆	☆☆☆
18	形容詞	☆	☆☆	☆☆☆	38	同音異義語②	☆	☆☆	☆☆☆
19	形容動詞	☆	☆☆	☆☆☆	39	同音異義語③	☆	☆☆	☆☆☆
20	助動詞	☆	☆☆	☆☆☆	40	同音異義語④	☆	☆☆	☆☆☆

	タイトル	できた度				タイトル	できた度		
41	送りがな①	☆	☆☆	☆☆☆	61	坊ちゃん	☆	☆☆	☆☆☆
42	送りがな②	☆	☆☆	☆☆☆	62	くもの糸	☆	☆☆	☆☆☆
43	反対の意味をもつ漢字	☆	☆☆	☆☆☆	63	やまなし①	☆	☆☆	☆☆☆
44	似た意味をもつ漢字	☆	☆☆	☆☆☆	64	こころ	☆	☆☆	☆☆☆
45	同訓異字①	☆	☆☆	☆☆☆	65	三か月	☆	☆☆	☆☆☆
46	同訓異字②	☆	☆☆	☆☆☆	66	赤とんぼ	☆	☆☆	☆☆☆
47	類義語①	☆	☆☆	☆☆☆	67	走れメロス	☆	☆☆	☆☆☆
48	類義語②	☆	☆☆	☆☆☆	68	やまなし②	☆	☆☆	☆☆☆
49	対義語①	☆	☆☆	☆☆☆	69	漢詩（中国の詩）	☆	☆☆	☆☆☆
50	対義語②	☆	☆☆	☆☆☆	70	三人のレンガ職人	☆	☆☆	☆☆☆
51	四字熟語①	☆	☆☆	☆☆☆	71	サウナでやけどをしないのは？	☆	☆☆	☆☆☆
52	四字熟語②	☆	☆☆	☆☆☆	72	金閣寺と銀閣寺	☆	☆☆	☆☆☆
53	四字熟語③	☆	☆☆	☆☆☆	73	ドアの内開きと外開き	☆	☆☆	☆☆☆
54	四字熟語④	☆	☆☆	☆☆☆	74	右ききが多い理由	☆	☆☆	☆☆☆
55	熟字訓①	☆	☆☆	☆☆☆	75	油を売る	☆	☆☆	☆☆☆
56	熟字訓②	☆	☆☆	☆☆☆	76	消費期限と賞味期限	☆	☆☆	☆☆☆
57	漢字の書き①	☆	☆☆	☆☆☆	77	プールの水の量	☆	☆☆	☆☆☆
58	漢字の書き②	☆	☆☆	☆☆☆	78	降水確率	☆	☆☆	☆☆☆
59	漢字の読み①	☆	☆☆	☆☆☆	79	おすしを食べる順番	☆	☆☆	☆☆☆
60	漢字の読み②	☆	☆☆	☆☆☆	80	かんコーヒーはなぜｇ表示か	☆	☆☆	☆☆☆

1 主語と述語①

次の文の主語には——を、述語には〜〜を引きましょう。
（主語がない文もあります。）

〈例〉母は、いつも元気だ。

① 赤い 花が、さいている。

② 白くて 大きな 雲が、空に うかんでいる。

③ 私《わたし》と 妹は、年れいが 近い。

④ 昨日は、おすしを たくさん 食べた。

⑤ おもしろかった、この 本は。

2 主語と述語②

次の文の主語には――を、述語には〜〜を引きましょう。
（主語・述語が一つとは限りません。）

〈例〉妹は　本を　読み、弟は　テレビを　見る。

① かみなりが　鳴り、雨が　降《ふ》った。

② 冬が　終わると　春が　来る。

③ 夏は　暑いが、私《わたし》は　夏が　好きだ。

④ 父が　作った　カレーライスは、おいしかった。

⑤ 友達が　書いた　手紙を、私は　何度も　読んだ。

3 熟語の構成①

二字熟語《じゅくご》の構成には、次のようなものがあります。

㋐ 似た意味を表す　○＝△　絵画　思考
㋑ 対《つい》になっている　○⇔△　強弱　高低
㋒ 上の漢字が下の漢字をくわしくしている　○→△
　大役《たいやく》（大きな役）　牛肉（牛の肉）
㋓ 下の漢字が上の漢字にかかっている　○←△
　帰国（国に帰る）　止血（血を止める）
㋔ 上の漢字が下の漢字を打ち消す　×←○
　不正（正しくない）　非行（正しくない行い）

次の熟語の構成は、㋐～㋔のどれにあたりますか。

① 発声（　　）　② 増減（　　）　③ 海底（　　）

④ 老人（　　）　⑤ 未知（　　）　⑥ 増加（　　）

4 熟語の構成②

漢字三字の熟語《じゅくご》の構成には、次のようなものがあります。

㋐ 一字＋二字　上の語が下の語の性質、状態を限定するもの（高学年）
㋑ 一字＋二字　上の語が下の語を打ち消すもの（無関係　非常識）
㋒ 二字＋一字　上の語が下の語を修飾《しゅうしょく》して物事《ものごと》の名前になるもの（消防署《しょうぼうしょ》）
㋓ 二字＋一字　～のような　～ようになるという意味をそえるもの（主体的）
㋔ 一字＋一字＋一字　一字の語の集まりからできているもの（市町村　上中下）

次の熟語の構成は、㋐～㋔のどれにあたりますか。

① 運動会（　　）
② 衣食住（　　）
③ 映画化《えいがか》（　　）
④ 心技体（　　）
⑤ 不器用（　　）
⑥ 合言葉（　　）

5 敬語①

1 次の図の①〜③は、㋐尊敬語《そんけいご》、㋑謙譲語《けんじょうご》、㋒ていねい語のどれにあたりますか。（　）に記号を書きましょう。

①

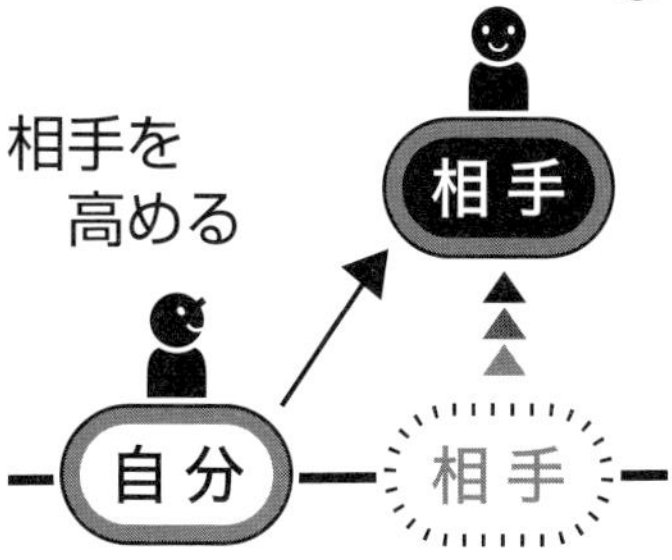

（　　）

②

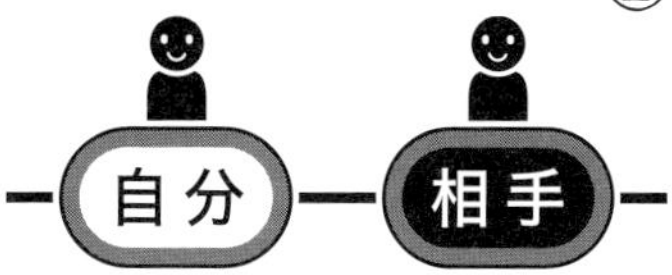

（　　）

③

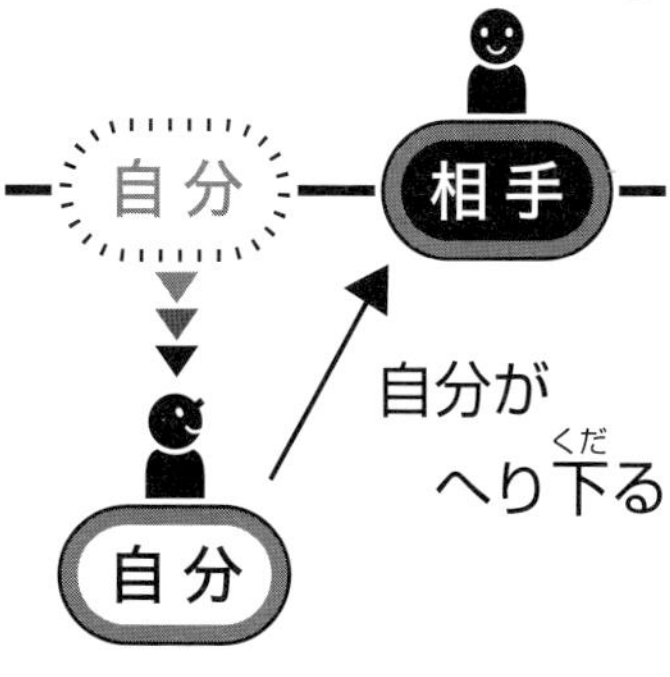

（　　）

2 〜〜〜の言葉は、1の㋐、㋑、㋒のどれにあたりますか。

① お目にかかれてうれしいです。（　　）

② おいしい給食を食べました。（　　）

③ 先生がいらっしゃった。（　　）

6 敬語②

（　）の中の言葉の敬語《けいご》を記号で選びましょう。

① お客様が、料理を（食べます）。　（　　）

② 校長先生は会議室に（います）。　（　　）

③ 市長から表しょう状を（もらいます）。　（　　）

④ お世話になった人にお礼を（言います）。　（　　）

⑤ 私《わたし》からそちらに（行きます）。　（　　）

㋐ いただきます　㋑ いらっしゃいます　㋒ 参ります

㋓ めし上がります　㋔ 申し上げます

7 複合語①

二つ以上の言葉を組み合わせて新しい言葉になったものを、「複合語」と言います。

次の言葉を組み合わせて、複合語を作りましょう。

		ひらがな	漢字
①	ほん ＋ はこ	（　　）	（　　）
②	たに ＋ かわ	（　　）	（　　）
③	あめ ＋ くも	（　　）	（　　）
④	ふね ＋ たび	（　　）	（　　）
⑤	うえ ＋ せい	（　　）	（　　）

8 複合語②

複合語には、次の六つの組み合わせがあります。□の中の複合語はどの組み合わせですか。（　）に記号を書きましょう。

① 和語＋和語（　　）

② 漢語＋漢語（　　）

③ 外来語＋外来語（　　）

④ 和語＋漢語（　　）

⑤ 和語＋外来語（　　）

⑥ 漢語＋外来語（　　）

㋐ 輪ゴム
㋑ 見本
㋒ 食パン
㋓ 給食室
㋔ 筆箱
㋕ チーズケーキ

9 仮名の由来①

1 次の文章の（　）にあてはまる言葉を、[　]から選んで記号で書きましょう。

大昔の日本には、もともと文字がありませんでした。
そのため、中国から伝わった（①　　）を使用していました。
漢字は、一字に、形と音と意味を持っています。
例えば、「はる」は波留、「なつ」は奈都というように書いていました。
このような使い方の漢字を「（②　　）」と言います。
平安時代になると、万葉仮名《がな》をもとに漢字をくずした（③　　）ができました。
また、万葉仮名の形の一部をとった（④　　）が生まれました。

㋐ 平仮名　㋑ 片仮名《かたかな》　㋒ 万葉仮名　㋓ 漢字

2 次の万葉仮名を読みましょう。

① 安吉（　　）
② 布由（　　）
③ 多可良（　　）

（①、②は季節の言葉です）

10 仮名の由来②

1 次の漢字からできた平仮名《ひらがな》を書きましょう。

① 仁 に（　　）
② 也 や（　　）
③ 寸 す（　　）
④ 太 た（　　）
⑤ 世 せ（　　）
⑥ 毛 も（　　）

2 次の漢字からできた片仮名《かたかな》を［　］から選んで書きましょう。

① 伊（　　）
② 江（　　）
③ 加（　　）
④ 多（　　）
⑤ 利（　　）
⑥ 礼（　　）
⑦ 止（　　）
⑧ 比（　　）
⑨ 奴（　　）

エ　イ　カ　タ　レ　リ　ヒ　ト　ヌ

11 文末表現

次の文は［　　］の㋐〜㋕のどれですか。（　）に記号を書きましょう。

①（　　）もっと早く走れ。

②（　　）友達のお姉さんは、東京にいるそうだ。

③（　　）サッカーは好きですか。

④（　　）おすしをそんなに食べられない。

⑤（　　）人に親切にしなければならない。

⑥（　　）ケーキなら五個は食べられる。

㋐ 打ち消しの文
㋑ 質問・疑問《ぎもん》の文
㋒ 命令の文
㋓ 伝聞の文
㋔ 可能の文
㋕ 義務の文

12 擬音語・擬態語

擬音語《ぎおんご》…物の音や動物の鳴き声などをまねて作った言葉。
かたかなで書くことが多い。（ガチャン　ワンワンなど）

擬態語…物事《ものごと》の様子や身ぶりなどの様子を表す言葉。
（にっこり　のろのろなど）

次の擬音語、擬態語は、どんな時に使いますか。［　　］から選び、（　）に記号を書きましょう。

① あたふた（　　）　② もくもく（　　）

③ いそいそ（　　）　④ ザーザー（　　）

⑤ ビュービュー（　　）　⑥ ゴシゴシ（　　）

㋐ 心がはずんでいる　㋑ 強くこする　㋒ 風が強くふいている

㋓ だまってやり続ける　㋔ あわてふためく　㋕ 雨が強く降《ふ》っている

13 伝統芸能①

次の伝統芸能の説明と作品が正しくなるように、線で結びましょう。

① 能

② 狂言《きょうげん》

③ 落語

㋐ こっけいな話で人を笑わせしゃれたオチで終わる一人で演じる話芸。

㋑ 室町《むろまち》時代に完成した歴史や伝説を題材とした歌舞劇《かぶげき》。面《おもて》を着けて演じる。

㋒ 人々の日常生活を明るくえがいたせりふが中心の喜《き》劇《げき》。主人公はシテ、それ以外はアドと呼《よ》ばれる。

Ⓐ 高砂《たかさご》・羽衣《はごろも》

Ⓑ 寿限無《じゅげむ》・時うどん

Ⓒ 附子《ぶす》・柿山伏《かきやまぶし》

14 伝統芸能②

次の伝統芸能の説明と人物が正しくなるように、線で結びましょう。

①

歌舞伎《かぶき》 •

②

人形浄瑠璃《にんぎょうじょうるり》 •

㋐ • 義太夫節《ぎだゆうぶし》と三味線《しゃみせん》のばん奏《そう》で人形を使う演劇《えんげき》。文楽《ぶんらく》とも言われる。 •

㋑ • 江戸《えど》時代に発達した民《みん》衆《しゅう》演劇。安土桃山《あづちももやま》時代に出雲《いずも》阿国《おくに》が始めた。 •

Ⓐ • 坂田藤十郎《とうじゅうろう》
• 市川団十郎《だんじゅうろう》

Ⓑ • 近松門《もん》左《ざ》衛門《えもん》

15 名詞

物事《ものごと》の名前を表す言葉を「名詞《めいし》」と言います。

1 次の文の名詞に――を引きましょう。答えは（　）の数あります。

① 図書館で　本を　三冊《さつ》　借りました。（3つ）

② 私《わたし》は、昨年　北海道へ　旅行に　行きました。（4つ）

③ 算数と　国語の　テストの　結果は、満点でした。（5つ）

2 次の言葉を、文に合う形に変えて名詞にしましょう。

① 高い

② 動く

③ 帰る

④ 遊ぶ

16 動詞

物事《ものごと》の動作や作用、いる、ある を表す言葉を「動詞《どうし》」と言います。

1 次の文の動詞に――を引きましょう。答えは（　）の数あります。

① 父の　作った　料理が、テーブルの　上に　ある。（2つ）

② 写真で　見た　街に　行くために、働いた。（3つ）

③ 朝　起きて、パンを　食べて、歯を　みがき、学校へ　行く。（4つ）

2 次の動詞を、文に合う形に変えて書きましょう。

①（歩く）兄がゆっくりと［　　］て来た。

②（泳ぐ）妹は幼《おさな》くて、まだ［　　］ない。

17 助詞

他の言葉について関係を表したり、意味をそえたりする言葉を「助詞《じょし》」と言います。

次の文の□にあてはまる助詞を書きましょう。

① 昨日、近くの市場で肉□買った。

② 運動場□遊ぶ。

③ 沖縄の空と海は、見れば見る□□美しい。

④ 大阪□□東京まで新幹線に乗る。

⑤ ラーメンは好きです□？

18 形容詞

物事《ものごと》の様子を表す言葉で、言い切りの形が「〜い」で終わるものを「形容詞《けいようし》」と言います。

1 次の文の形容詞に——を引きましょう。答えは（　）の数あります。

① 広い　庭に、赤い　花と　白い　花が　さいている。（3つ）

② 高い　山の　上で　飲む　冷たい　水は、おいしい。（3つ）

2 次の形容詞を、文に合う形に変えて書きましょう。

① （早い）　日の出がだんだん［　　］なってきた。

② （高い）　志は［　　　］ば［　　］ほど良い。

19　形容動詞

物事《ものごと》の性質や様子を表す言葉で、言い切りの形が「〜だ」「〜な」で終わるものを、「形容動詞《けいようどうし》」と言います。

次の文の形容動詞に――を引きましょう。

① 春の日は、とても　のどかだ。

② 昨日　庭に　さいていた　花は、きれいだった。

③ 真夜中の　街は、きっと　静かだろう。

④ にぎやかな　通りを、歩いている。

⑤ 好きな　本を　読んでも　いいよ。

20 助動詞

動詞《どうし》・形容詞・形容動詞に付き、その語の働きを助ける言葉を「助動詞」と言います。（「～ない」「～られる」など）

次の文の助動詞に――を引きましょう。

① 重い物も　持ち上げられる。

② 明日は　晴れそうだ。

③ 痛《いた》くても　泣かない。

④ 母は、子どもに　野菜を　食べさせた。

⑤ 明日までに、あの本を　読み終えよう。

21 副詞

様子を表す言葉を「副詞《ふくし》」と言います。動詞・形容詞・形容動詞を強めたり説明したりします。（「ときどき」「とても」など）

次の文の副詞に——を引きましょう。

① 明日は、きっと 晴れるだろう。

② 日曜日は、家で ゆっくり 過ごした。

③ 夜は ぐっすり ねる ことに している。

④ 美しい 花が、山頂《さんちょう》に りんと さいている。

⑤ 今日は、ずっと 激《はげ》しい 雨が 降《ふ》っている。

22 接頭語

ある言葉の前に付いて軽い意味を付け加えたり、調子を整えたりする言葉を「接頭語《せっとうご》」と言います。（お手本　まっ青《さお》　など）

次の言葉にあう接頭語を［　］から選んで書きましょう。

①（　　）意見

②（　　）弱い

③（　　）足

④（　　）太い

⑤（　　）心《ごころ》

⑥（　　）茶

⑦（　　）雨《さめ》

⑧（　　）真面目《まじめ》

こ　ご
お　ま
す　ず
か　き

23 接尾語

ある言葉の後に付いて意味を付け加えたり、調子を整えたりする言葉を「接尾《せつび》語《ご》」と言います。（うれしがる　学者ぶる　など）

次の言葉にあう接尾語を［　］から選んで書きましょう。

① 食べ（　　　）
② あせ（　　　）
③ 水っ（　　　）
④ お母（　　　）
⑤ 帰り（　　　）
⑥ なみだ（　　　）
⑦ 春（　　　）
⑧ ね入り（　　　）

かけ　めく　しな　ばな　さん　ぽい　ぐむ　ばむ

24 俳句①

次の俳句《はいく》の（　）の中に、□から言葉を選んで書きましょう。

① 古池《ふるいけ》や蛙《かわず》(かえる)とびこむ（　　　）

松尾芭蕉《まつおばしょう》

② 菜《な》の花《はな》や月は東に（　　　）

与謝蕪村《よさぶそん》

③ （　　　）鐘《かね》が鳴るなり法隆寺《ほうりゅうじ》

正岡子規《まさおかしき》

④ （　　　）そこのけそこのけお馬が通る

小林一茶《こばやしいっさ》

日は西に　水の音　柿《かき》くえば　すずめの子

25 俳句②

次の俳句《はいく》を読んで、①〜④の季語と季節を書きましょう。

① 旅に病《や》んで夢は枯《か》れ野をかけめぐる　松尾芭蕉《まつおばしょう》

② 名月をとってくれろと泣く子かな　小林一茶《こばやしいっさ》

③ 菜の花や月は東に日は西に　与謝蕪村《よさぶそん》

④ ひっぱれる糸まっすぐやかぶと虫　高野素十《たかのすじゅう》

	季語	季節
①		
②		
③		
④		

26 短歌

次の短歌をなぞってから読みましょう。

①
東風《こち》吹《ふ》かば　にほ(お)ひ(い)おこせよ梅の花
主《あるじ》なしとて春を忘るな

菅原道真《すがわらのみちざね》

②
たは(わ)むれに母を背負ひ(い)てそのあまり
軽きに泣きて三歩あゆまず

石川啄木《いしかわたくぼく》

③
金色《こんじき》のちひ(小)さき鳥のかたちして
銀杏《いちょう》ちるなり夕日の岡《おか》に

与謝野晶子《よさのあきこ》

④
瓶《かめ》にさす藤の花ぶさ　みじかければ
たたみの上に　とどかざりけり

正岡子規《まさおかしき》

27 表現の技法①

文章の表現技法には「倒置法《とうちほう》」「比《ひ》ゆ」「擬人法《ぎじんほう》」「反復法」「対句法《ついくほう》」「体言止め」などがあります。

㋐ 倒置法…文や語の順番を入れかえて強調する　例…忘れない、あの日のことは。

㋑ 比ゆ…他の物に例えてわかりやすくする　例…丸太のようなうで。

㋒ 擬人法…物や動物を人に例えて印象づける　例…ペンを走らせる。

次の言葉は、㋐、㋑、㋒のどの表現技法ですか。（　）に記号を書きましょう。

① 鳥が歌う。（　　）

② 人生は旅である。（　　）

③ 起きなさい、早く。（　　）

④ あの人の心は氷のようだ。（　　）

⑤ 空が泣いている。（　　）

⑥ 楽しかった、遠足は。（　　）

28 表現の技法②

文章の表現技法には「倒置法《とうちほう》」「比《ひ》ゆ」「擬人法《ぎじんほう》」「反復法」「対句法《ついくほう》」「体言止め」などがあります。

㋐ 反復法…同じ言葉をくり返し強調する
例…ずっと、ずっと好きだった。

㋑ 対句法…対照的な二つの言葉を並べ、文の調子を整える
例…雨にも負けず、風にも負けず。

㋒ 体言止め…文末を名詞《めいし》で終わり、リズム感を出す
例…好きな食べ物はおすし。

次の言葉は、㋐、㋑、㋒のどの表現技法ですか。（　）に記号を書きましょう。

① 外は一面の銀世界。（　　）

② 前へ前へと進む。（　　）

③ 風車よ、回れ回れ。（　　）

④ 青い空と白い雲と。（　　）

⑤ よく遊び、よく学べ。（　　）

⑥ 明日は楽しい遠足。（　　）

29 ことわざと慣用句①

「ことわざ」と「慣用句」は次のような意味がありそれぞれちがいがあります。

ことわざ……昔から受けつがれている、人生をうまく生きるための知恵《ちえ》や大切な教えなどを表した短い文章。一つの文で意味が完結する。

（「さるも木から落ちる」↓名人でも失敗することがある　など）

慣用句……昔から多く使われてきた短い言い回しのこと。文章の中で使われ、本来の意味から別の意味になる。体の一部を使ったものも多い。

（「顔が広い」↓知り合いが多い　など）

次の慣用句の中に、一つだけことわざが入っています。ことわざを見つけ、（　）に○をつけましょう。

㋐（　　）足が出る

㋑（　　）月とすっぽん

㋒（　　）水に流す

㋓（　　）長い目で見る

30 ことわざと慣用句②

「ことわざ」と「慣用句」は次のような意味があり、それぞれちがいがあります。

ことわざ……「急がば回れ↓急ぐ時、回り道でも安全な道の方が早い」
「石の上にも三年↓つらいこともがまんしていれば、良い結果が得られる」など

慣用句……「足を引っぱる↓人のじゃまをする、人にめいわくをかける」
「馬が合う↓相性がよい」「幕《まく》を開ける↓物事《ものごと》が始まる」など

1 次のことわざの中に一つだけ慣用句が入っています。慣用句の記号に○をつけましょう。

㋐（　）石の上にも三年
㋑（　）知らぬが仏
㋒（　）のどから手が出る
㋓（　）時は金なり

2 次の慣用句の中に一つだけことわざが入っています。ことわざの記号に○をつけましょう。

㋐（　）首を長くする
㋑（　）口がかたい
㋒（　）大船に乗る
㋓（　）善《ぜん》は急げ

31 漢字クロス①

矢印の向きに、二字の熟語《じゅくご》を[　]から選んで作りましょう。

①

反 ↓ □ ↓ 像

上 → □ → 画

②

腹 ↓ □ ↓ 道

鉄 → □ → 力

③

観 ↓ □ ↓ 場

喜 → □ → 団

④

一 ↓ □ ↓ 数

別 → □ → 子

劇　冊　映　筋

32 漢字クロス②

矢印の向きに、二字の熟語《じゅくご》を□から選んで作りましょう。

①

大

↓

植 → □ → 立

↓

木

②

引

↓

早 → □ → 院

↓

学

③

手

↓

値 → □ → 落

↓

階

④

母

↓

牛 → □ → 歯

↓

児

段　乳　樹　退

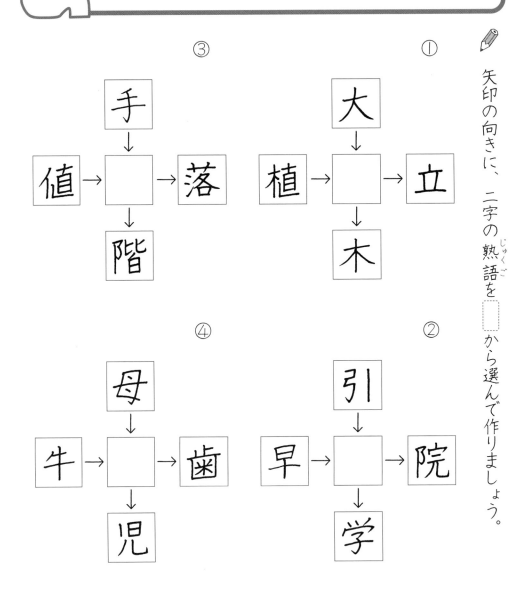

33 漢字クロス③

矢印の向きに、二字の熟語《じゅくご》を□から選んで作りましょう。

①

興
↓
発 → □ → 戦
↓
起

②

食
↓
意 → □ → 求
↓
望

③

生
↓
産 → □ → 黄
↓
白

④

合
↓
安 → □ → 決
↓
定

欲　奮　否　卵

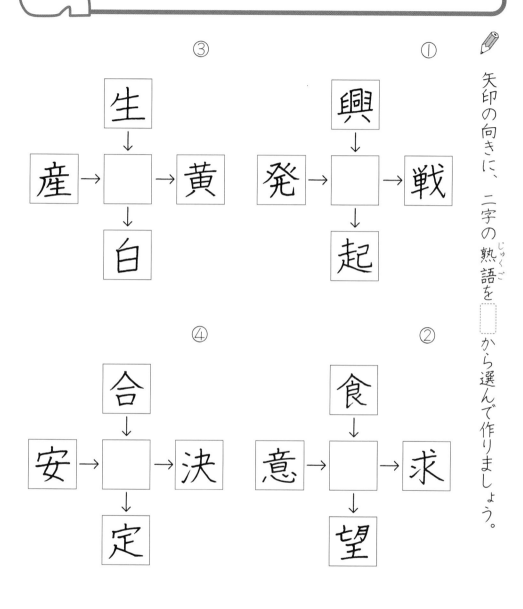

34 漢字クロス④

矢印の向きに、二字の熟語《じゅくご》を［　］から選んで作りましょう。

①

像
↑
元 ← □ → 囲
↓
中

②

産
↑
族 ← □ → 書
↓
体

③

護
↑
守 ← □ → 板
↓
病

④

変
↑
常 ← □ → 例
↓
国

看　異　胸　遺

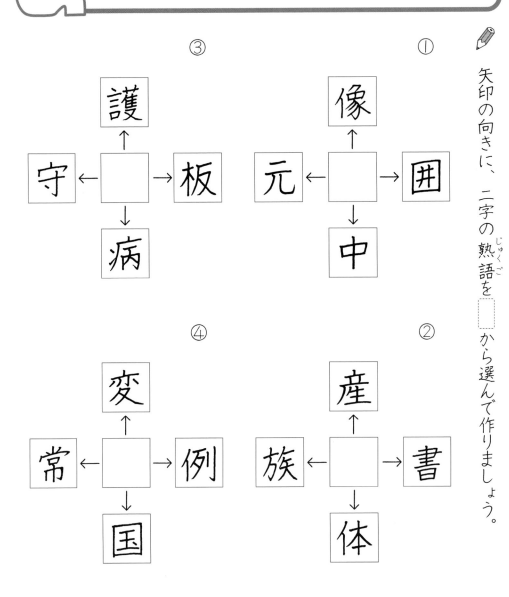

35 漢字クロス⑤

矢印の向きに、二字の熟語《じゅくご》を[ ]から選んで作りましょう。

①

定
↑
進 ← □ → 量
↓
理

②

先
↑
勢 ← □ → 位
↓
勝

③

修
↑
助 ← □ → 足
↓
欠

④

少
↑
虫 ← □ → 児
↓
年

補　推　優　幼

36 漢字クロス⑥

矢印の向きに、二字の熟語《じゅくご》を［　］から選んで作りましょう。

①

	水	
	↓	
資 →	□	← 語
	↑	
	電	

②

	自	
	↓	
帰 →	□	← 住
	↑	
	社	

③

	長	
	↓	
短 →	□	← 指
	↑	
	方	

④

	苦	
	↓	
困 →	□	← 災
	↑	
	非	

源　宅　針　難

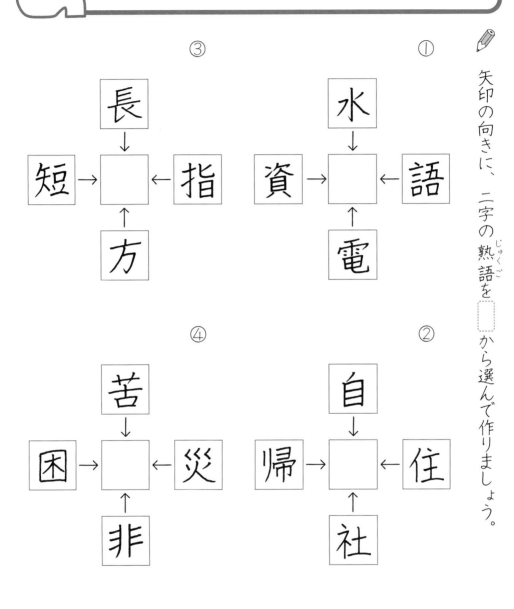

37 同音異義語①

同じ読みで、意味がちがう言葉を同音異義語《いぎご》と言います。次の文に合う熟語《じゅくご》を書きましょう。

①
人事□□《いどう》の発表。
机《つくえ》を□□《いどう》する。

②
□□《いさん》が逆流する。
世界自然□□《いさん》。

③
立入禁止の□□《せいいき》。
□□《せいいき》の広い歌手。

④
□□《ないかく》総理大臣。
三角形の□□《ないかく》の和。

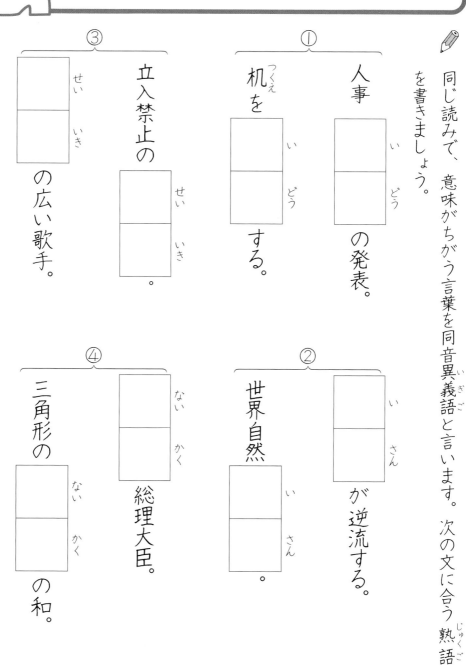

38 同音異義語②

次の文に合う熟語《じゅくご》を書きましょう。

①
□□《かんちょう》の海岸。
東京の□□《かんちょう》街。

②
□□《けいご》を使って話す。
身辺を□□《けいご》する。

③
□□《かげき》な運動。
イタリアの□□《かげき》団。

④
親□□《こうこう》をする。
□□《こうこう》に入学する。

39 同音異義語③

次の文に合う熟語《じゅくご》を書きましょう。

①
- □□《しきゅう》の用件。
- □□《しきゅう》されたお金。

②
- □□《しかい》を務める。
- □□《しかい》が開ける。

③
- テストを□□《かいしゅう》する。
- 橋を□□《かいしゅう》する。

④
- 時計の□□《ちょうしん》。
- □□《ちょうしん》の人。

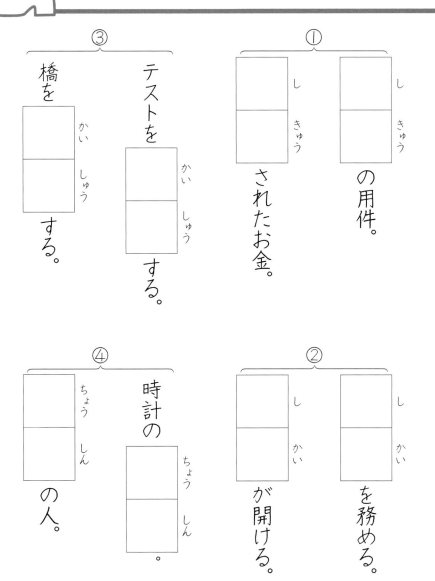

40 同音異義語④

次の文に合う熟語《じゅくご》を書きましょう。

①

□□《そうぞう》的な仕事。

□□《そうぞう》以上に高い。

②

□□《さいぜん》をつくす。

□□《さいぜん》席に座《すわ》る。

③

二人が□□《へいこう》して走る。

□□《へいこう》する二直線。

④

□□《きりつ》正しい生活。

□□《きりつ》、礼、着席。

41 送りがな①

送りがなの正しい方の言葉を（　）に書きましょう。

①
危い
危ない
（　　）

②
疑う
疑がう
（　　）

③
敬う
敬まう
（　　）

④
誤る
誤まる
（　　）

⑤
従う
従がう
（　　）

⑥
染る
染める
（　　）

⑦
退く
退ぞく
（　　）

⑧
尊い
尊とい
（　　）

42 送りがな②

送りがなの正しい方の言葉を（　）に書きましょう。

① 難しい　難かしい　（　　）

② 補う　補なう　（　　）

③ 幼い　幼ない　（　　）

④ 暖い　暖かい　（　　）

⑤ 縮む　縮じむ　（　　）

⑥ 洗う　洗らう　（　　）

⑦ 並る　並べる　（　　）

⑧ 暮る　暮れる　（　　）

43 反対の意味をもつ漢字

□の漢字から、反対の意味を持つ二字を選んで熟語《じゅくご》を作りましょう。

〈例〉進む＋退《しりぞ》く→進退《しんたい》

①

②

③

④

⑤

⑥

⑦

⑧

⑨

⑩

上の漢字

紅　善　縦　開　公　難　取　正　収　干

下の漢字

捨　満　横　白　悪　支　誤　易　閉　私

44 似た意味をもつ漢字

□の漢字から意味の似た二字を選んで熟語《じゅくご》を作りましょう。

〈例〉省《はぶ》く＋略《りゃく》する→省略

①

②

③

④

⑤

⑥

⑦

⑧

⑨

⑩

上の漢字

金　温　展　拡　創
自　善　降　縮　樹

下の漢字

己　大　小　作　開
下　良　銭　暖　木

45 同訓異字①

次の文の□にあてはまる、訓《くん》読みが同じ漢字を書きましょう。

①
- 町に□《す》む。
- 仕事が□《す》む。

②
- □《あたた》かい日。
- □《あたた》かいスープ。

③
- 電車を□《お》りる。
- 山から□《お》りる。

④
- 花を□《そな》える。
- 試験に□《そな》える。

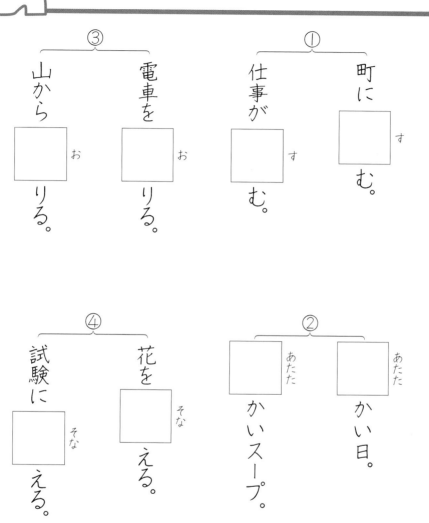

46 同訓異字②

次の文にあてはまる、訓《くん》読みが同じ漢字を書きましょう。

①

税金を□《おさ》める。

国を□《おさ》める。

②

鏡に□《うつ》す。

ノートに□《うつ》す。

③

会社に□《つと》める。

主役を□《つと》める。

④

成果を□《おさ》める。

学業を□《おさ》める。

47 類義語①

次の熟語《じゅくご》と意味が似ている熟語（類義語）を、［　］から選んで書きましょう。

① 所得 ―［　　］

② 給料 ―［　　］

③ 容易 ―［　　］

④ 仲間 ―［　　］

⑤ 価格 ―［　　］

⑥ 反対 ―［　　］

⑦ 多少 ―［　　］

⑧ 運転 ―［　　］

簡単《かんたん》　異議《いぎ》　賃金《ちんぎん》　値段《ねだん》　操作《そうさ》　若干《じゃっかん》　相棒《あいぼう》　収入《しゅうにゅう》

48 類義語②

次の熟語《じゅくご》と意味が似ている熟語（類義語）を、□から選んで書きましょう。

① 便利 ―

② 方法 ―

③ 格好 ―

④ 機器 ―

⑤ 省略 ―

⑥ 早速 ―

⑦ 素直 ―

⑧ 役者 ―

重宝《ちょうほう》　容姿《ようし》　俳優《はいゆう》　従順《じゅうじゅん》

手段《しゅだん》　割愛《かつあい》　装置《そうち》　至急《しきゅう》

49 対義語①

次の熟語《じゅくご》と反対の意味の熟語（対義語）を、［　］から選んで書きましょう。

① 延長 ―

② 冷静 ―

③ 地味 ―

④ 義務 ―

⑤ 定例 ―

⑥ 往復 ―

⑦ 拾得 ―

⑧ 拡大 ―

片道《かたみち》　短縮《たんしゅく》　遺失《いしつ》　興奮《こうふん》　臨時《りんじ》　縮小《しゅくしょう》　派手《はで》　権利《けんり》

50 対義語②

次の熟語《じゅくご》と反対の意味の熟語（対義語）を、□から選んで書きましょう。

①快楽 ―

②安全 ―

③同情 ―

④困難《こんなん》 ―

⑤支出 ―

⑥無視《むし》 ―

⑦死亡《しぼう》 ―

⑧保守 ―

批判《ひはん》　誕生《たんじょう》　革新《かくしん》　収入《しゅうにゅう》

危険《きけん》　尊重《そんちょう》　容易《ようい》　苦痛《くつう》

51 四字熟語①

□から選んで四字熟語《よじじゅくご》を作りましょう。（　）に読みがなも書きましょう。

① 異口□□（　　）

② 大器□□（　　）

③ 一心□□（　　）

④ 天変□□（　　）

⑤ 起承□□（　　）

⑥ 半信□□（　　）

⑦ 誠心□□（　　）

⑧ 無我□□（　　）

不　晩　夢　誠　転　同　地　半

乱　成　中　意　結　音　異　疑

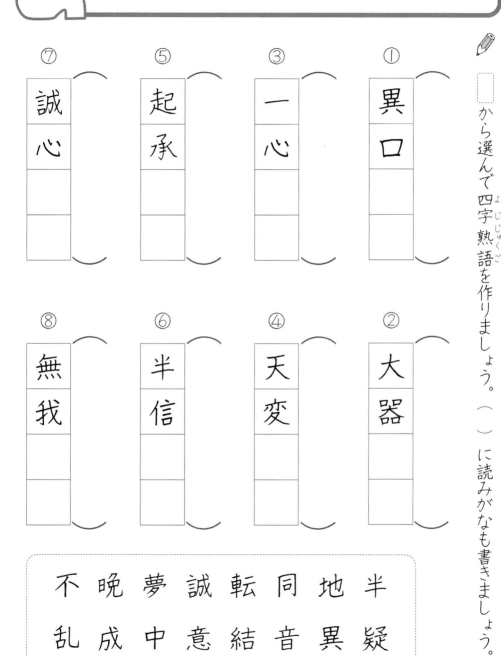

52 四字熟語②

□から選んで四《よ》字《じ》熟《じゅく》語《ご》を作りましょう。（　）に読みがなも書きましょう。

① 臨機□□（　　）

② 三拝□□（　　）

③ 賛否□□（　　）

④ 舌先□□（　　）

⑤ 大同□□（　　）

⑥ 善男□□（　　）

⑦ 独断□□（　　）

⑧ 天下□□（　　）

三	九	応	専	両	小	善	無
寸	拝	変	行	論	異	女	敵

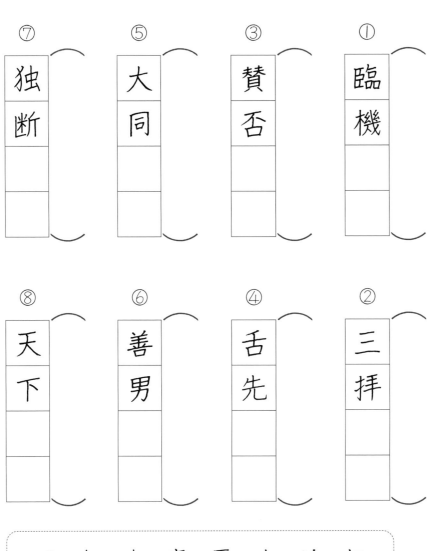

53 四字熟語③

□から選んで四字熟語《よじじゅくご》を作りましょう。（　）に読みがなも書きましょう。

① 針小□□（　）

② 表裏□□（　）

③ 公平□□（　）

④ 油断□□（　）

⑤ 多事□□（　）

⑥ 私利□□（　）

⑦ 同工□□（　）

⑧ 出処□□（　）

大　進　異　一　無　私　棒　多

敵　退　曲　体　私　欲　大　難

54 四字熟語④

□から選んで四《よ》字《じ》熟《じゅく》語《ご》を作りましょう。（　）に読みがなも書きましょう。

① 一進□□（　　）

② 朝令□□（　　）

③ 我田□□（　　）

④ 難行□□（　　）

⑤ 共存□□（　　）

⑥ 不承□□（　　）

⑦ 創意□□（　　）

⑧ 無理□□（　　）

一　苦　引　暮　共　難　工　不

退　行　水　改　栄　題　夫　承

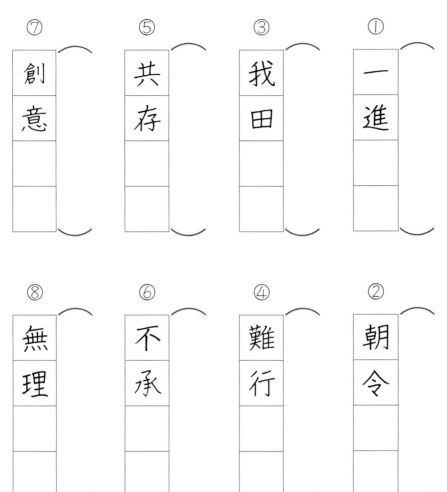

55 熟字訓①

漢字の特別な読み方を熟字訓《じゅくじくん》といいます。（　　）に読みがなを書きましょう。

① 海女（あ□）

② 小豆（あ□□）

③ 田舎（い□□）

④ 海原（う□□ら）

⑤ 乳母（う□）

⑥ 笑顔（え□□）

⑦ 心地（こ□□）

⑧ 素人（し□□と）

⑨ 梅雨（つ□）

⑩ 師走（し□す）

⑪ 砂利（じゃ□）

⑫ 野良犬（の□□ぬ）

56 熟字訓②

（　）に次の熟字訓《じゅくじくん》の読みがなを書きましょう。

① 日和（ひ　　）

② 土産（み　げ）

③ 息子（む　　）

④ 紅葉（も　じ）

⑤ 母屋（お　　）

⑥ 大和（や　　）

⑦ 浴衣（ゆ　　）

⑧ 木綿（も　　）

⑨ 寄席（よ　　）

⑩ 五月（さ　　）

⑪ 行方（ゆ　　）

⑫ 神楽（か　　）

57 漢字の書き①

次の漢字を書きましょう。

① こん／なん

② い／ちょう

③ じ／しゃく

④ こっ／せつ

⑤ しゅく／しゃく

⑥ ふく／つう

⑦ そん／けい

⑧ はい／ゆう

⑨ う／ちゅう

⑩ とう／ろん

⑪ ひ／みつ

⑫ てん／らん

会

58 漢字の書き②

次の漢字を書きましょう。

① □《こ》□《きゅう》

② □《さい》□《ばん》

③ □《しゅう》□《のう》

④ □《えん》□《げき》

⑤ □《こく》□《もつ》

⑥ □《えん》□《き》

⑦ □《やく》□《わり》

⑧ □《かん》□《びょう》

⑨ □《かん》□《たん》

⑩ □《き》□《けん》

⑪ □《きん》□《べん》

⑫ □《けん》□《り》

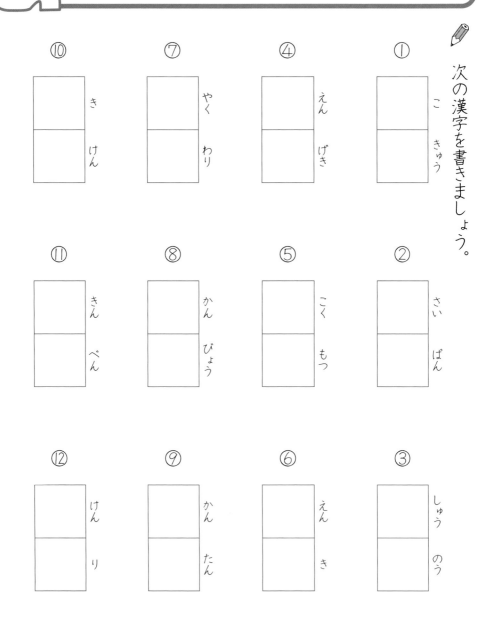

59 漢字の読み①

次の漢字の読みがなを書きましょう。

① 警察（　　）

② 株券（　　）

③ 源泉（　　）

④ 経済（　　）

⑤ 姿勢（　　）

⑥ 群衆（　　）

⑦ 厳格（　　）

⑧ 養蚕（　　）

⑨ 承認（　　）

⑩ 樹木（　　）

⑪ 皇后（　　）

⑫ 絹織物（　　）

60 漢字の読み②

次の漢字の読みがなを書きましょう。

① 専念（　　　）

② 負傷（　　　）

③ 熟練（　　　）

④ 車窓（　　　）

⑤ 毒舌（　　　）

⑥ 縦断（　　　）

⑦ 感激（　　　）

⑧ 背景（　　　）

⑨ 干潮（　　　）

⑩ 朗報（　　　）

⑪ 言（　　　）い い 訳（　　　）

⑫ 蒸発（　　　）

61 坊っちゃん

親ゆずりの無鉄砲《むてっぽう》で子どもの時から損《そん》ばかりしている。小学校にいる時分学校の二階から飛び降《お》りて一週間ほどこしをぬかしたことがある。なぜそんなむやみをしたと聞く人があるかも知れぬ。

別段《べつだん》深い理由でもない。新築の二階から首を出していたら、同級生の一人がじょうだんに、いくらいばっても、そこから飛び降りることはできまい。弱虫やーい。とはやしたからである。

小使い（用務員さんの古い言い方）に負ぶさって帰って来た時、おやじが大きな眼をして、

「二階ぐらいから飛び降りてこしをぬかすやつがあるか。」

と言ったから、この次はぬかさずに飛んで見せますと答えた。

（夏目漱石《なつめそうせき》／青空文庫）

① 無鉄砲の意味を選びましょう。

㋐ 考えなしに行動すること

㋑ 無口でおとなしいこと

㋒ 乱暴《らんぼう》でけんか早いこと

（　　）

② こしをぬかしたのは何をしたからですか。

（　　）

③ 大きな眼をしてとは、どんな様子を表していますか。選んで書きましょう。

㋐ 喜んでいる様子

㋑ 悲しんでいる様子

㋒ おこっている様子

（　　）

62 くもの糸

　このかんだたという男は、人を殺したり家に火をつけたり、いろいろ悪事を働いた大どろぼうでございますが、（Ⓐ）たった一つ、善《よ》いことをいたした覚えがございます。

と申しますのは、ある時この男が深い林の中を通りますと、小さなくもが一ぴき、道ばたをはって行くのが見えました。そこでかんだたは早速足を挙げて、ふみ殺そうといたしましたが、

「いや、いや、これも小さいながら、命のあるものにちがいない。その命をむやみにとるということは、いくら何でもかわいそうだ。」

と、こう急に思い返して、とうとうそのくもを殺さずに助けてやったからでございます。

　おしゃか様は地獄《じごく》の様子をご覧になりながら、このかんだたにはくもを助けたことがあるのをお思い出しになりました。

（芥川龍之介《あくたがわりゅうのすけ》／青空文庫）

① 男の名前は何と言いますか。

（　　　　）

② Ⓐに入る言葉を選びましょう。

㋐ だから　㋑ それでも　㋒ もし

（　　　　）

③ 男のした、たった一つの善いこととは何ですか。文中の言葉を使って短かく書きましょう。

（　　　　）

④ 男のことを思い出したのは、だれですか。

（　　　　）

63 やまなし①

　二ひきはまるで声も出ず居すくまってしまいました。

　お父さんのかにが出て来ました。

「どうしたい。ぶるぶるふるえているじゃないか。」

「お父さん、いまおかしなものが来たよ。」

「どんなもんだ。」

「青くてね、光るんだよ。はじがこんなに黒くとがってるの。それが来たらお魚が上へのぼって行ったよ。」

「そいつの眼が赤かったかい。」

「わからない。」

「ふうん。しかし、そいつは鳥だよ。かわせみと言うんだ。だいじょうぶだ、安心しろ。おれたちはかまわないんだから。」

「お父さん、お魚はどこへ行ったの。」

「魚かい。魚はこわい所へ行った。」

（宮沢賢治《みやざわけんじ》／青空文庫）

---

① 「居すくまる」とはどういう意味ですか。

㋐ びっくりする　㋑ ふるえる

㋒ こわくて動けなくなる

（　　）

② 「おかしなもの」とは何ですか。

（　　）

③ 「黒くとがっているもの」とは何ですか。

㋐ くちばし　㋑ しっぽ　㋒ 足

（　　）

④ 「魚はこわい所へ行った」と言ったのは、だれですか。

（　　）

64 こころ

私《わたくし》はその人を常に先生と呼《よ》んでいた。（Ⓐ）ここでもただ先生と書くだけで本名は打ち明けない。これは世間をはばかる遠りょというよりも、その方が私にとって自然だからである。

私はその人の記おくを呼び起すごとに、すぐ「先生」といいたくなる。筆をとっても心持ちは同じことである。よそよそしい頭文字などはとても使う気にならない。

私が先生と知り合いになったのは鎌倉《かまくら》である。その時私はまだ若々しい書生※であった。暑中休かを利用して海水浴に行った友達からぜひ来いというはがきを受け取ったので、私は多少の金を工面《くめん》して、出かけることにした。

※書生…明治・大正時代に、他人の家に住みこみで雑用を任される学生

（夏目漱石《なつめそうせき》／青空文庫）

① Ⓐに入る言葉を選びましょう。

㋐ だから　㋑ でも　㋒ さて

（　　）

② 「私」が「先生の本名を打ち明けない」のは、なぜですか。（　　）に言葉を入れましょう。

（　　　　）よりも（　　　　）

③ 「頭文字」の読み方を選びましょう。

㋐ とうぶんじ
㋑ あたまもじ
㋒ かしらもじ

（　　）

④ 先生と知り合いになったのは、どこですか。

（　　　　）

65 三か月

三《み》か月《づき》

かまのような、お三か月、
早う、大きくなって、
およめ入りの晩《ばん》に、
まるい顔出して、
雲のあいから、のぞいてみい。

（小川《おがわ》未明《みめい》／青空文庫）

---

① 「かまのような」という表現の技法を何と言いますか。選んで書きましょう。
㋐ 擬人法《ぎじんほう》　㋑ 倒置法《とうちほう》　㋒ 比喩《ひゆ》
（　　　）

② 大きくなってとは何がですか。
お□□□

③ 「まるい顔」とは月がどうなることですか。
□□になること

④ 「まるい顔」という表現の技法を何と言いますか。選んで書きましょう。
㋐ 擬人法　㋑ 倒置法　㋒ 比喩
（　　　）

66 赤とんぼ

赤とんぼは、三回ほど空をまわって、いつも休む一本のかきねの竹の上に、チョイととまりました。

山里の昼は静かです。

（Ⓐ）、初夏の山里は、ほんとうに緑につつまれています。

赤とんぼは、クルリと目玉を転じました。

赤とんぼの休んでいる竹には、朝顔のつるがまきついています。昨年の夏、この別そうの主人が植えていった朝顔の結んだ実が、また生えたんだろう――と赤とんぼは思いました。

今はこの家にはだれもいないので、雨戸がさびしくしまっています。

赤とんぼは、ツイと竹の先からからだをはなして、高い空にまい上がりました。

（新美南吉《にいみなんきち》／青空文庫）

---

① 赤とんぼは、どこの上にとまっていますか。

（　　　　　　）の上

② Ⓐに入る言葉を選びましょう。

㋐ だから　㋑ そして　㋒ しかし

（　　）

③ 竹には何が巻きついていますか。

（　　　　　　）

④ 文中の「チョイ」「クルリ」「ツイ」は、㋐擬音語《ぎおんご》ですか、㋑擬態語《ぎたいご》ですか。

（　　）

67 走れメロス

「そうです。帰って来るのです。」メロスは必死で言い張った。「私は約束を守ります。私《わたし》を、三日間だけ許して下さい。妹が、私の帰りを待っているのだ。そんなに私を信じられないならば、よろしい、この市にセリヌンティウスという石工《いしく》がいます。私の無二の友人だ。あれを、人質としてここに置いて行こう。私がにげてしまって、三日目の日暮《ひぐ》れまで、ここに帰って来なかったら、あの友人をしめ殺して下さい。たのむ、そうして下さい。」

それを聞いて王は、残《ざん》ぎゃくな気持ちで、そっとほくそ笑んだ。

生意気なことを言うわい。どうせ帰って来ないにきまっている。このうそつきにだまされたふりして、放してやるのも面白い。そうして身代りの男を、三日目に殺してやるのも気味がいい。

（太宰治《だざいおさむ》／青空文庫）

---

① 「無二」の意味を選びましょう。

㋐ かけがえのない

㋑ 昔からの

㋒ 二人しかいない

（　　）

② 「人質」と同じ意味で使われている言葉を文中から選びましょう。

（　　の　　）

③ メロスは、いつまでにもどってくると約束しましたか。

（　　まで）

④ 「うそつき」とはだれのことですか。

（　　）

68 やまなし②

そのとき、トブン。

黒い円《まる》い大きなものが、天井から落ちてずうっとしずんでまた上へのぼって行きました。キラキラッと黄金《きん》のぶちがひかりました。

「かわせみだ。」

子どもらのかには首をすくめて言いました。

お父さんのかには、遠めがねのような両方の眼をあらん限りのばして、よくよく見てから言いました。

「そうじゃない、あれはやまなしだ、流れて行くぞ、ついて行って見よう、ああいいにおいだな。」

（Ⓐ）、そこらの月あかりの水の中は、やまなしのいいにおいでいっぱいでした。

三びきはぼかぼか流れて行くやまなしのあとを追いました。

（宮沢賢治《みやざわけんじ》／青空文庫）

---

① 「黒い円い大きなもの」とは何ですか。

（　　　　）

② 「天井」とは何のことですか。

㋐ 黄金のぶち

㋑ かわせみ

㋒ 水面

（　　　　）

③ Ⓐに入る言葉を入れましょう。

㋐ なるほど　㋑ しかし　㋒ また

（　　　　）

④ 子どものかには、何びきいますか。

（　　　　）

69 漢詩（中国の詩）

江雪《こうせつ》　柳宗元《りゅうそうげん》

千山鳥飛絶
万径人蹤滅
孤舟蓑笠翁
独釣寒江雪

千山《せんざん》　鳥《とり》飛《と》ぶこと絶《た》え
万径《ばんけい》　人蹤《じんしょう》滅《めっ》す
孤舟《こしゅう》　蓑笠《さりゅう》の翁《おう》
独《ひと》り釣《つ》る　寒江《かんこう》の雪《ゆき》

千山…多くの山
万径…多くの道
人蹤…人の足あと
蓑笠…みのとかさ
寒江…寒々とした川

① 季節はいつですか。

（　　　　）

② 「翁」の意味を選びましょう。

㋐ 王さま　㋑ 漁師　㋒ 老人

（　　　　）

③ 絶・滅・雪の音読みを書きましょう。

㋐ 絶（　　　　）　㋑ 滅（　　　　）

㋒ 雪（　　　　）

④ 絶、滅、雪の読みには共通のひらがながあり、漢詩のリズム（韻《いん》をふむと言う）を整えています。そのひらがな一字は何でしょう。

（　　　　）

70 三人のレンガ職人

完成までに百年はかかる大聖堂《だいせいどう》をレンガ職人たちが作っていました。

ある旅人が、一人目のレンガ職人に「あなたは何をしているのですか」とたずねました。

「見てのとおり、レンガを積んでいます。毎日毎日、レンガを積んでいます。」とつかれた声で答えました。

二人目のレンガ職人にたずねると、「レンガを積んでかべを作っています。この仕事は大変ですが、家族を養うためです。」と答えました。

三人目のレンガ職人は、次のように笑顔で答えました。

「歴史に残る大聖堂を作るためにレンガを積んでいます。完成したら多くの人が喜ぶでしょう。」

---

① レンガ職人たちは、何を作っていますか。

（　　　　）

② 二人目の職人は、何のために働いていますか。

（　　　　）

③ 三人目の職人は、何のために働いていますか。

（　　　　）

④ 一番いきいきと仕事をしているのは、何人目の職人ですか。

（　　　　）

71 サウナでやけどをしないのは？

サウナの中の温度は九〇度から一〇〇度あります。ふつうに考えたら、やけどしてしまいそうな温度です。これがお湯なら大やけどしてしまいます。

（Ⓐ）、サウナは一〇〇度でも中に入っていられます。なぜでしょうか。

サウナでやけどをしない理由は、空気と水では熱の伝わり方がちがうからです。空気の方が、水の二〇倍ほども熱を伝えにくいのです。

また、体に熱が伝わるときに、体の表面上には温度の低い空気の層《そう》がバリアのようにできるために、熱い空気が伝わりにくくなります。サウナの中で体を動かすと、空気の層がはがれてしまうので熱く感じます。

おふろの中で体を動かすと熱く感じるのは、それと同じ現象です。

---

① Ⓐに入る言葉を選びましょう。

㋐ だから　㋑ しかし　㋒ つまり

（　　　）

② サウナでやけどをしない理由は、空気と水の何がちがうからですか。

（　　　）

③ サウナの中でも体を動かすと熱く感じるのはなぜですか。

（　　　）

④ サウナ以外で同じ現象が起きるのはどこですか。

（　　　）

72 金閣寺と銀閣寺

京都市に金閣寺《きんかくじ》と銀閣寺《ぎんかくじ》というお寺があります。行ったことがある人もいるかもしれません。

金閣寺は、室町《むろまち》時代の三代将軍《しょうぐん》足利《あしかが》義満《よしみつ》が一三九七年に建立し、銀閣寺は八代将軍足利義政《よしまさ》が一四七三年に造営を始めました。

金閣寺は、金ぱく（金を紙のようにのばしたもの）が張りめぐらされていることで有名です。今も美しくかがやいています。では、銀閣寺は銀ぱくが張ってあったのでしょうか。銀閣寺は、銀ぱくが張ってあったという事実はありません。江戸時代《えどじだい》に、月明かりに照らされて銀色に見えたことから銀閣寺と呼《よ》ばれるようになったそうです。

※正式には、鹿苑寺《ろくおんじ》金閣、慈照寺《じしょうじ》銀閣と言います。

---

① 金閣寺と銀閣寺はどこにありますか。

（　　　　　　　　　　）

② 金閣寺を建立したのはだれですか。

（　　　　　　　　　　）

③ 金閣寺には何が張りめぐらされていますか。

（　　　　　　　　　　）

④ 銀閣寺は、何に照らされて銀色に見えましたか。

（　　　　　　　　　　）

73 ドアの内開きと外開き

ドアには内開きと外開きとがあります。なぜそうなっているでしょうか。

アメリカなどでは、内開きは人を招き入れる意味合い、外開きは外敵《がいてき》から身を守る意味合いがあります。パーティ文化のある国では、人を招く意味合いで、げん関は内開きドアが多くなっています。

日本の家のげん関の多くは外開きです。内開きにするとくつの置き場所がせまくなってしまうからです。

ホテルのドアは、人を招き入れる意味合いで内開きです。また、各部屋のドアは災害の時、ろう下を通ってひ難《なん》しやすいように（　Ⓐ　）開きになっています。

トイレのドアはほとんどが外開きです。外開きにする理由は、トイレの中で身動きがとりやすく、急病で人がたおれた時も、外から助けやすくなるからです。

---

① パーティ文化のある国では、㋐ドアの内開き、㋑ドアの外開きはどんな意味合いがありますか。

㋐（　　　　　　　　）

㋑（　　　　　　　　）

② Ⓐに入るのは、内と外のどちらですか。

（　　　）

③ トイレのドアが外開きの理由は何ですか。本文中に――を引きましょう。

74 右ききが多い理由

みなさんのクラスには、何人ぐらい左ききの人がいますか。

日本だけでなく世界でも、人間の約九〇%《パーセント》が右きき、約一〇%が左ききだと言われています。

きき手が決まる理由は、人間が言葉をかく得するようになったからだと言われています。

人間の脳《のう》は、左側に言葉を司《つかさど》る言語野《や》という場所があります。体の左側をコントロールするのは右脳で、右側をコントロールするのは左脳です。（Ⓐ）人間は言語をかく得する中で左脳が進化し、その結果、体の右ききが増えたということです。

心臓《しんぞう》が左側にあり、その心臓を守るために人間は右手で戦ってきたからだという説もあります。

---

① 人間の約何%が左ききですか。

（　　　）

② きき手が決まる理由は何だと言われていますか。

（　　　）

③ 体の右側をコントロールするのはどちらの脳ですか。

（　　　）

④ Ⓐに入る言葉を選びましょう。

㋐ しかし　㋑ さらに　㋒ だから

（　　　）

75 油を売る

仕事中に、むだ話などで時間をつぶして、仕事をなまけることを「油を売る」と言います。なぜ仕事をなまけることを「油を売る」というのでしょうか。

この慣用句は、江戸時代《えどじだい》の油売りが由来です。当時、油は小分けにしたり、ひしゃくやますを使って量り売りされたりしていました。油はとろっとしているので、ひしゃくやますから流れ落ちるまでに時間がかかります。お客さんの持ってきた器にひしゃく何ばいなどと量って売るときに、油売りは、お客と話をして時間を過ごしていました。（Ⓐ）、時間をつぶすことを「油を売る」と言われました。

現在では、おしゃべりだけでなく、仕事をなまけることにも使われています。

① 「油を売る」という慣用句は、何時代が由来ですか。

（　　　　）

② 昔の油は、何を使って量り売りをされていましたか。

（　　　　）

③ 油売りが油を量るのに時間がかかるのは、油がどんな性質だからですか。

（　　　　）

④ Ⓐに入る言葉を選びましょう。

㋐ このことから　㋑ おそらく

㋒ なぜなら

（　　　　）

76 消費期限と賞味期限

食品には、ふつう消費期限や賞味期限の表示がされています。消費期限と賞味期限のちがいは何でしょうか。

一ぱん的に、消費期限は、品質が速く落ちてしまう食品に表示され、賞味期限は、比かく的傷《いた》みにくい食品に表示されます。

消費期限は、弁当、調理パン、そうざい、生菓子、肉、生めん類などに表示されています。賞味期限は、スナック菓子、そく席（インスタント）めん、かんづめなどに表示されています。

消費期限が表示されている食品は、期限をこえると安全でなくなる可能性があります。（Ⓐ）、賞味期限は、その期限をこえてもすぐに安全性に問題が発生するとは限らない食品に表示されます。

---

① 食品に表示されている「期限」を二つ書きましょう。

（　　）期限と（　　）期限

② 比かく的傷みにくい食品に表示されているのはどちらですか。

（　　）期限

③ 調理パンは、どちらの期限ですか。

（　　）期限

④ Ⓐに入る言葉を選びましょう。

㋐ だから　㋑ なぜなら　㋒ 一方

（　　）

77 プールの水の量

みなさんの学校にはプールがありますか。学校のプールには、どれぐらいの水が入っているのでしょうか。

仮に、学校のプールを、縦《たて》二五m《メートル》、横一二m、深さ一mとしましょう。

その容積は、縦×横×深さで三〇〇㎥です。一㎥は一〇〇〇L《リットル》なので、プールには、三〇万Lの水が入ります。三〇万Lといっても、どれぐらいの量かなかなか想像がつきません。

それでは、一日一Lの牛乳《ぎゅうにゅう》を飲むと何日かかるかで考えてみましょう。

（Ⓐ）、三〇万Lの牛乳を一日一Lずつ飲むとすると、三〇万日かかります。年になおすと、約八二二年になります。びっくりするくらいの量ですね。

---

① 学校のプールの縦と横はそれぞれ仮に何mと書いていますか。

（　　　　）

② そのプールの容積は何㎥ですか。

（　　　　）

③ 容積の量をわかりやすくするためにプールの水を、何に置きかえていますか。

（　　　　）

④ Ⓐに入る言葉を選びましょう。

㋐ だから　㋑ もし　㋒ しかし

（　　　　）

78 降水確率

「今日は降水確率《こうすいかくりつ》が一〇〇%《パーセント》だから、土《ど》砂《しゃ》降《ぶ》りだ。」と思っている人はいませんか。

実は、降水確率が一〇〇%だからと言って、土砂降りになるとは限りません。降水確率とは、ある時間内に一mm《ミリメートル》以上の雨や雪が降る確率のことです。だから、降水確率と雨量は関係がなく、降水確率が高いから土砂降りというわけではありません。逆に、降水確率が低くても、土砂降りになることがあります。

では、一時間に一mmの雨はどれぐらいの量なのでしょうか。これは、一m^3の容器に、水深一mmで一Lの水がたまる量です。三〜五mmの雨になると、道路に水たまりができ、一〇mmの雨は、道路全体が水びたしになると言われています。

---

① 降水確率が一〇〇%なら必ず土砂降りになりますか。

（　　）

② 降水確率とは何ですか。

（　　）

③ 一時間に一mmの雨はどれぐらいの水の量ですか。

一m^3の容器に、

（　　）量

④ 一時間に一〇mmの雨が降ると、道路はどうなりますか。

（　　）

79 おすしを食べる順番

あなたは、おすしのネタは何が好きですか。回転ずしで好きなネタを何皿も食べたという人も多いでしょう。

実は、おすしにはおいしく食べる順番があります。基本は、さっぱりした味のネタからこってりした味のネタ。白身魚から赤身魚。にぎりから巻きもの。最後に卵《たまご》やお吸《す》い物と言われています。その理由は最初にのうこうなものを食べると、たん白(うすめの・あっさりした)な味が分かりにくくなるからです。

おいしく食べる順番の一例ですが、ひらめ、こはだ、あじ、かつお、まぐろ、いか、赤貝、うに・いくら、かんぴょう巻、卵となります。

（ Ⓐ ）、自分の好きなものから食べてもかまわないとも言われています。

---

① おすしをおいしく食べるネタの順番は何ですか。

（　　　　）のネタから

（　　　　）のネタ。

② 「こってりした」と似《に》た意味の言葉を文中から四文字で書きましょう。

□□□□

③ さっぱりした味のものから食べるのはなぜですか。本文中に――を引きましょう。

④ Ⓐに入る言葉を選びましょう。

㋐ ただ　㋑ だから　㋒ もし

（　　　　）

80 かんコーヒーはなぜｇ表示か

ジュースやコーラの内容量は「五〇〇mL」と、ミリリットルで表示されています。

かんコーヒーの表示はどうなっているのか知っていますか。かんコーヒーは「一九〇g」等のグラム表示です。それはなぜでしょうか。

かんコーヒーは、九〇度以上に加熱された状態でかんにつめられます。液体は加熱すると体積が増え、冷えると体積が減ります。このため、「L《リットル》」や「mL」で表記すると、かんにつめた時と買った人が飲む時とでは、体積が変わってしまいます。

（　Ⓐ　）、重さは温度が変化しても変わりません。このため、かんコーヒーはグラム表示されるようになりました。かんコーヒー以外でいえば、お茶や紅茶《こうちゃ》などもグラムで表示されています。

---

① 液体は、温度の変化でどうなりますか。

・加熱すると（　　　　）

・冷えると（　　　　）

② 加熱しても変化しないのは、何ですか。

（　　　　）

③ かんコーヒー以外でグラム表示されているものは、他に何がありますか。

（　　　　）

④ Ⓐに入る言葉を選びましょう。

㋐ もし　㋑ 一方　㋒ さらに

（　　　　）

答え

1 ① 赤い花が、さいている。
② 白くて大きな雲が、空にうかんでいる。
③ わたしと妹は、年れいが近い。
④ 昨日は、おすしをたくさん食べた。
⑤ おもしろかった、この本は。

2 ① かみなりが鳴り、雨が降った。
② 冬が終わると春が来る。
③ 夏は暑いが、私は夏が好きだ。
④ 父が作ったカレーライスは、おいしかった。
⑤ 友達が書いた手紙を、私は何度も読んだ。

3 ① エ
② イ
③ ウ
④ ウ
⑤ オ
⑥ ア

4 ① ウ
② オ
③ エ
④ オ
⑤ イ
⑥ ア

5 1 ① ア
② ウ
③ イ
2 ① イ
② ウ
③ ア

6 ① エ
② イ
③ ア
④ オ
⑤ ウ

7 ① ほんばこ・本箱
② たにがわ・谷川
③ あまぐも・雨雲
④ ふなたび・船旅
⑤ うわぜい・上背

8 ① オ
② エ
③ カ
④ イ
⑤ ア
⑥ ウ

9 1 ① エ
② ウ
③ ア
④ イ
2 ① あき
② ふゆ
③ たから

答え

10 1 ① に
② や
③ す
④ た
⑤ せ
⑥ も
2 ① イ
② エ
③ カ
④ タ
⑤ リ
⑥ レ
⑦ ト
⑧ ヒ
⑨ ヌ

11 ① ㋒
② ㋓
③ ㋑
④ ㋐
⑤ ㋕
⑥ ㋔

12 ① ㋔
② ㋓
③ ㋐
④ ㋕
⑤ ㋒
⑥ ㋑

13 ①―㋑―Ⓐ
②―㋒―Ⓒ
③―㋐―Ⓑ

14 ①―㋑―Ⓐ　②―㋐―Ⓑ

15 1 ① 図書館で本を三冊借りました。
② 私は、昨年、北海道へ旅行に行きました。
③ 算数と国語のテストの結果は満点でした。
2 ① 高さ
② 動き
③ 帰り
④ 遊び

16 1 ① 父の作った料理が、テーブルの上にある。
② 写真で見た街に行くために、働いた。
③ 朝起きて、パンを食べて、歯をみがき、学校へ行く。
2 ① 歩い
② 泳げ

17 ① を
② で
③ ほど
④ から
⑤ か

答え

18 [1] ① 広い庭に、赤い花と白い花がさいている。
② 高い山の上で飲む冷たい水は、おいしい。
[2] ① 早く
② 高けれ、高い

19 ① 春の日は、とてものどかだ。
② 昨日庭にさいていた花はきれいだった。
③ 真夜中の街は、きっと静かだろう。
④ にぎやかな通りを、歩いている。
⑤ 好きな本を読んでもいいよ。

20 ① 重い物も持ち上げられる。
② 明日は晴れそうだ。
③ 痛くても泣かない。
④ 母は、子どもに野菜を食べさせた。
⑤ 明日までに、あの本を読み終えよう。

21 ① 明日は、きっと晴れるだろう。
② 日曜日は、家でゆっくり過ごしたい。
③ 夜はぐっすりねることにしている。
④ 美しい花が、山頂にりんとさいている。
⑤ 今日は、ずっと激しい雨が降っている。

22 ① ご
② か
③ す
④ ず
⑤ ま
⑥ お
⑦ こ
⑧ き

23 ① かけ
② ばむ
③ ぽい
④ さん
⑤ しな
⑥ ぐむ
⑦ めく
⑧ ばな

24 ① 水の音
② 日は西に
③ 柿くえば
④ すずめの子

25

	季語	季節
①	枯れ野	冬
②	名月	秋
③	菜の花	春
④	かぶと虫	夏

26 （答えなし）

答え

27 ① ㋒
② ㋑
③ ㋐
④ ㋑
⑤ ㋒
⑥ ㋐

28 ① ㋒
② ㋐
③ ㋐
④ ㋑
⑤ ㋑
⑥ ㋒

29 ㋑

30 [1] ㋒
[2] ㋓

31 ① 映　② 筋
③ 劇　④ 冊

32 ① 樹　② 退
③ 段　④ 乳

33 ① 奮　② 欲
③ 卵　④ 否

34 ① 胸　② 遺
③ 看　④ 異

35 ① 推　② 優
③ 補　④ 幼

36 ① 源　② 宅
③ 針　④ 難

37 ① 異動
移動
② 胃酸
遺産
③ 聖域
声域
④ 内閣
内角

38 ① 干潮
官庁
② 敬語
警護
③ 過激
歌劇
④ 孝行
高校

39 ① 至急
支給
② 司会
視界
③ 回収
改修
④ 長針
長身

答え

40 ① 創造
想像
② 最善
最前
③ 並行
平行
④ 規律
起立

41 ① 危ない
② 疑う
③ 敬う
④ 誤る
⑤ 従う
⑥ 染める
⑦ 退く
⑧ 尊い

42 ① 難しい
② 補う
③ 幼い
④ 暖かい
⑤ 縮む
⑥ 洗う
⑦ 並べる
⑧ 暮れる

43 ① 紅白
② 善悪
③ 縦横
④ 開閉
⑤ 公私
⑥ 難易
⑦ 取捨
⑧ 正誤
⑨ 収支
⑩ 干満

44 ① 金銭
② 自己
③ 温暖
④ 善良
⑤ 展開
⑥ 降下
⑦ 拡大
⑧ 縮小
⑨ 創作
⑩ 樹木

45 ① 住
済
② 暖
温
③ 降
下
④ 供
備

答え

46
① 納
治
② 映
写
③ 勤
務
④ 収
修

47
①	収入	②	賃金
③	簡単	④	相棒
⑤	値段	⑥	異議
⑦	若干	⑧	操作

48
①	重宝	②	手段
③	容姿	④	装置
⑤	割愛	⑥	至急
⑦	従順	⑧	俳優

49
①	短縮	②	興奮
③	派手	④	権利
⑤	臨時	⑥	片道
⑦	遺失	⑧	縮小

50
①	苦痛	②	危険
③	批判	④	容易
⑤	収入	⑥	尊重
⑦	誕生	⑧	革新

51
① 異口同音《いくどうおん》
② 大器晩成《たいきばんせい》
③ 一心不乱《いっしんふらん》
④ 天変地異《てんぺんちい》
⑤ 起承転結《きしょうてんけつ》
⑥ 半信半疑《はんしんはんぎ》
⑦ 誠心誠意《せいしんせいい》
⑧ 無我夢中《むがむちゅう》

52
① 臨機応変《りんきおうへん》
② 三拝九拝《さんぱいきゅうはい》
③ 賛否両論《さんぴりょうろん》
④ 舌先三寸《したさきさんずん》
⑤ 大同小異《だいどうしょうい》
⑥ 善男善女《ぜんなんぜんにょ》
⑦ 独断専行《どくだんせんこう》
⑧ 天下無敵《てんかむてき》

53
① 針小棒大《しんしょうぼうだい》
② 表裏一体《ひょうりいったい》
③ 公平無私《こうへいむし》
④ 油断大敵《ゆだんたいてき》
⑤ 多事多難《たじたなん》
⑥ 私利私欲《しりしよく》
⑦ 同工異曲《どうこういきょく》
⑧ 出処進退《しゅっしょしんたい》

答え

54
① 一《いっ》進《しん》一《いっ》退《たい》
② 朝《ちょう》令《れい》暮《ぼ》改《かい》
③ 我《が》田《でん》引《いん》水《すい》
④ 難《なん》行《ぎょう》苦《く》行《ぎょう》
⑤ 共《きょう》存《ぞん》共《きょう》栄《えい》
⑥ 不《ふ》承《しょう》不《ぶ》承《しょう》
⑦ 創《そう》意《い》工《く》夫《ふう》
⑧ 無《む》理《り》難《なん》題《だい》

55
① あま　② あずき
③ いなか　④ うなばら
⑤ うば　⑥ えがお
⑦ ここち　⑧ しろうと
⑨ つゆ　⑩ しわす
⑪ じゃり　⑫ のらいぬ

56
① ひより　② みやげ
③ むすこ　④ もみじ
⑤ おもや　⑥ やまと
⑦ ゆかた　⑧ もめん
⑨ よせ　⑩ さつき
⑪ ゆくえ　⑫ かぐら

57
① 困難　② 胃腸　③ 磁石
④ 骨折　⑤ 縮尺　⑥ 腹痛
⑦ 尊敬　⑧ 俳優　⑨ 宇宙
⑩ 討論　⑪ 秘密　⑫ 展覧

58
① 呼吸　② 裁判　③ 収納
④ 演劇　⑤ 穀物　⑥ 延期
⑦ 役割　⑧ 看病　⑨ 簡単
⑩ 危険　⑪ 勤勉　⑫ 権利

59
① けいさつ
② かぶけん
③ げんせん
④ けいざい
⑤ しせい
⑥ ぐんしゅう
⑦ げんかく
⑧ ようさん
⑨ しょうにん
⑩ じゅもく
⑪ こうごう
⑫ きぬおりもの

60
① せんねん
② ふしょう
③ じゅくれん
④ しゃそう
⑤ どくぜつ
⑥ じゅうだん
⑦ かんげき
⑧ はいけい
⑨ かんちょう
⑩ ろうほう
⑪ いいわけ
⑫ じょうはつ

61
① ㋐
② 学校の二階から飛び降りたから。
③ ㋒

答え

62 ① かんだた
② ㋑
③ （その）くもを殺さずに助けてやったこと。
④ おしゃか様

63 ① ㋒
② かわせみという鳥
③ ㋐
④ お父さん

64 ① ㋐
② 遠りょ・自然
③ ㋒
④ かまくら

65 ① ㋒
② 三か月
③ 満月（になること）
④ ㋐

66 ① （いつも休む）一本のかきねの竹（の上）
② ㋑
③ 朝顔のつる
④ ㋑　擬態語

67 ① ㋐
② 身代わりの男
③ 三日目の日暮れまで
④ メロス

68 ① やまなし
② ㋒
③ ㋐
④ 二ひき

69 ① 冬
② ㋒
③ ㋐　ぜつ
㋑　めつ
㋒　せつ
④ つ

70 ① 大聖堂
② 家族を養うため
③ 歴史に残る大聖堂を作るため
④ 三人目

71 ① ㋑
② 熱の伝わり方
③ 空気の層がはがれてしまうから
④ おふろの中

72 ① 京都市
② （室町時代の）三代将軍　足利義満
③ 金ぱく
④ 月明かり

答え

73 ① ㋐ 人を招き入れる
㋑ 外敵から身を守る
② 内
④ トイレの中で身動きがとりやすく、急病で人がたおれた時も、外から助けやすくなるから

74 ① 約10%
② 人間が言葉をかく得するようになったから
③ 左脳
④ ㋒

75 ① 江戸時代
② ひしゃくやます
③ とろっとした性質だから
④ ㋐

76 ① 消費（期限） 賞味（期限）
② 賞味
③ 消費
④ ㋒

77 ① 縦 25 m 横 12 m
② 300m^3
③ 牛乳
④ ㋑

78 ① ならない（なるとは限らない）
② ある時間内に1㎜以上の雨や雪が降る確率
③ 水深1㎜で1Lの水がたまる量
④ 全体が水びたしになる

79 ① さっぱりした味（のネタから）
こってりした味（のネタ）
② のうこう
③ 最初にのうこうなものを食べると、たん白な味が分かりにくくなるから
④ ㋐

80 ① 加熱すると－体積が増える
冷えると－体積が減る
② 重さ
③ お茶や紅茶
④ ㋑